Petit traité de *en même temps*

Michel Monier.

Avertissement

Ce petit traité reprend les textes, parfois aménagés et complétés, de certaines de mes tribunes publiées, ces derniers mois, par la Revue Politique et Parlementaire- RPP (*). La réflexion à laquelle elles invitent s'est construite dans le cadre d'échanges nourris au sein du Think tank CRAPS – Cercle de recherche et d'analyse de la protection sociale (**). Une réflexion nourrie aussi d'échanges avec tel économiste ou tel observateur de la vie publique.

Mes remerciements vont à l'équipe du CRAPS, à Fabien Brisard son directeur général, à Hervé Chapron avec qui nous avons publié divers essais et autres tribunes, ainsi qu'à Jean-Yves Archer, membre de la Société d'économie politique, et à Arnaud Benedetti rédacteur en chef de la RPP.

(*) https://www.revuepolitique.fr/
(**) https://www.thinktankcraps.fr/

« Bonjour tous, bonjour les assistés,
Ce merveilleux pays soviétique, la France, est le seul pays soviétique du monde qui fonctionne à peu près correctement et qui vote en général à droite pour rester soviétique. »
Bernard Maris, « Souriez, vous êtes français ! », Grasset – mai 2016.

« On n'en peut sortir que par la porte du communisme ou par celle de la propriété : Choisissez ! ».
Gustave de Molinari, « Les Soirées de la rue Saint-Lazare. Entretiens sur les lois économiques et défense de la propriété » Paris, Guillaumin et Cie, 1849

Introduction.

C'est moins *le coup d'État permanent* qu'il faut dénoncer que le coût de l'État permanent. Quelle que soit la couleur politique ou la philosophie économique et sociale du pouvoir exécutif, il applique consciencieusement une règle : dépenser c'est agir. Le magistrat suprême, investi par le suffrage universel, et son gouvernement disposent d'une formidable administration qui prospère en dispensant des prestations de service public pour répondre aux sollicitations diverses sans jamais traiter vraiment les maux qui légitiment ces demandes d'aides et d'assistance. L'action publique est réduite à la dépense publique par la magie des prélèvements obligatoires, impôts, taxes, contributions et cotisations. L'arsenal n'en finit pas de s'enrichir jusqu'à s'offrir le luxe de la dette souveraine !

La France se présente comme l'élève appliqué à démontrer l'irréfragabilité de la *loi* d'accroissement continu de la puissance publique formulée par l'oublié Charles Brooks Dupont-White (1807-1878) : « *Les plus individualistes se sont rendus à ce sentiment que le progrès crée parmi les hommes des nouveautés morales, politiques, économiques et que cet accroissement emporte un accroissement de puissance publique* ». Dupont-White, fin observateur, est cruel : les fautifs se sont (déjà !) les *plus individualistes*, ces mal nommés libéraux des années 1850, parfois même libertaires, se présentent héritiers de 1789, et attendant tout de l'État. Alors **qu'ils voulaient finir l'œuvre révolutionnaire, mettre à bas la puissance de l'État, ils lui offraient de faire toujours plus.**

Se faisant socialistes, ils avaient inventé les premiers contrats aidés : les ateliers nationaux de la Commission du Luxembourg. Libéraux et socialistes s'accordaient : l'État paiera ! Dupont-White toujours cruel, membre de cette commission à laquelle il était appelé par Louis Blanc, s'opposait au tout État et demandait que les industriels d'alors, et non pas l'impôt, financent ces ateliers :

« *L'industrie, d'où vient presque tout le mal, doit supporter seule les frais de ce correctif (...) C'est bien là qu'il faut demander les centimes additionnels destinés à l'assistance des classes ouvrières...* ».

Dupont White en appelait à la responsabilité sociale, il concevait, sans la nommer, la RSE. Qui aujourd'hui demanderait que les aides à l'emploi soient financées par les employeurs et non pas par la collectivité ?

Dès ces premiers moments de l'économie capitaliste, de l'émergence du progrès économique, et de ses externalités sociales, la France faisait le choix de promouvoir la liberté d'entreprendre et la libre concurrence les plus orthodoxes tout en fiscalisant, ô combien, le traitement des conséquences sociales néfastes d'un libéralisme mal compris qui allait se faire néolibéral. Le *en même temps* naissait là et allait prospérer affermissant un modèle qui s'appliquait à faire coexister les plus mauvais côtés du néolibéralisme et du socialisme en associant un néolibéralisme cotonneux et un socialisme mou.

I-Économie.

1- L'action publique réduite à la dépense publique.

Á l'opposé de la folle ambition de Léon Walras (1834-1910) qui cherchait à faire la synthèse des parties vraies du libéralisme et des parties vraies du socialisme et théorisait un « *socialisme scientifique, libéral et humanitaire* », le modèle français s'est affirmé synthèse des parties fausses du libéralisme et du socialisme. Á l'opposé aussi de Maurice Allais (1911-2010) qui fut notre premier prix Nobel d'économie pour qui « *En matière de science c'est le socialisme qui a raison, en matière de politique c'est le libéralisme* » ce qui s'est affirmé c'est une science libérale mise en œuvre par une politique socialiste.

Cet improbable modèle s'est construit, forçant l'État à se faire régulateur *après production* oubliant qu'il devait être régulateur *avant production* en garantissant l'égalité des chances et non pas seulement en s'efforçant à une forme d'obligation morale qui s'est parée des vertus de la redistribution.

Est-ce le résultat de l'incapacité à trouver l'équilibre entre la Liberté et l'Égalité héritées toutes deux de 1789 et qui, dans un débat sans fin, vont s'affirmer l'une comme de l'autre, jusqu'à la caricature, se satisfaisant l'une comme l'autre du recours permanent à l'État qui trouvait à prospérer en se qualifiant de Providence.

En choisissant de ne pas oser choisir, le modèle français a accepté cette forme de despotisme démocratique qui conduit à « *réunir tous les pouvoirs publics dans les seules mains [de l'État] et à pénétrer plus habituellement et plus profondément dans le cercle des intérêts privés* » (Tocqueville, De la démocratie en Amérique). Dupont- White l'avait vu, le progrès, en offrant des *nouveautés morales, économiques et politiques* a fait s'étendre, naturellement, le champ de l'action publique.

Soucieux d'être aux côtés de l'individu l'État donne la pleine mesure de sa capacité à intervenir comme un secours, parfois jusqu'à la caricature en offrant, aujourd'hui, l'accès subventionné à des réparateurs d'appareils électroménagers agréés. Une caricature qui illustre comment les *nouveautés morales, économiques et politiques* ont participé à substituer, progressivement, l'individu au citoyen en entretenant le mouvement d'étatisation. La motivation de l'intervention de l'État est là d'ordre environnementale et, en même temps, combien savoureuse pour une start-up nation qui se fait État-Nounou n'hésitant pas à subventionner l'individu pour ne pas inciter l'industrie à produire des biens durables !

La mécanique s'auto-entretient. Les réponses de l'État, que l'on dit toujours insuffisantes, appellent d'autres sollicitations ; le mal est devenu endogène. Les symptômes, sur lesquels on s'affaire, ne sont pas la cause du mal. Les subventions au modèle économique et social oublient la réforme de l'action publique qui a sa part dans ce *mal français*.

En acceptant comme impossible la réforme de l'action publique, l'État, aujourd'hui Nounou, après avoir été Providence faute de n'avoir pu s'affirmer stratège, finira État-pourboire et finira de s'épuiser à répondre à chacune ces « *petites associations privées qui, chez les peuples démocratiques, se forment au milieu de la grande société politique* » *(Tocqueville, encore).*

« Le modèle français : néolibéralisme cotonneux et socialisme mou ». RPP, 12 décembre 2022.

2- Il faut prendre aux riches ! Il faut aussi « prendre à l'État » !

L'impossible équation entre Liberté et Égalité, cet *incurable débat entre Droite et Gauche*, selon la formule du Professeur Jean-Jacques Chevalier, fait aujourd'hui porter le débat sur les 1% et les français vivant sous le seuil de pauvreté. Le débat public s'organise entre ces deux extrêmes et il n'y aurait pas d'autre solution que le *prendre aux riches* ce qui, traduit en termes de politique publique, se nomme *prélèvements obligatoires*. De ce mauvais débat il faut craindre deux choses.

La première c'est l'oubli de la classe moyenne qui subit, en même temps déqualification professionnelle, économique et sociale ; la seconde c'est l'abandon de la valeur travail. De ce mauvais débat il faut craindre de voir s'affirmer une politique des extrémistes.

Il est urgent, à ce moment de transitions multiples, démographique, énergétique, formes de l'emploi et peut-être aussi démocratique, que l'État cesse de s'éparpiller pour revenir à ses fonctions régaliennes et de régulation *ex ante*, d'incitation des acteurs économiques et sociaux à la responsabilité.

L'universalité de l'action de l'État, qui s'est illustrée par les boucliers inflation non ciblés est une voie d'impasse : ces mesures n'apportent de solution ni à la compétitivité de l'économie nationale ni au pouvoir d'achat, ce sont des actions du moment qui, parce qu'elles sont une marche supplémentaire, engagent à faire toujours plus sans envisager de répondre à la question du revenu du travail au sens d'activité économique.

L'outil de production a-t-il à gagner plus à consentir à des prélèvements obligatoires qu'à prendre le risque de mieux partager le richesse au moment de sa création ? Le travail est-il valorisé par les aides à l'emploi et prime d'activité ou bien ces interventions de l'État ne sont-elles pas autant de trappes à bas salaires ? L'État a-t-il à perdre à sortir du rôle qu'il s'est donné de gestionnaire omnipotent pour regagner celui garant de la démocratie politique et d'un modèle de démocratie économique et sociale comme l'affirme la Constitution ?

Pour sortir de cet incurable débat, pour sortir du coût de l'État permanent, pour sortir de ce modèle qui associe néolibéralisme cotonneux et socialisme mou, pour sortir du cri du prendre aux riches les seules réformes du modèle social ne suffiront pas, il faut une réforme de l'action publique.

L'appareil de l'État, cette formidable administration qui consacre trop à s'administrer elle-même, doit être, lui aussi, repensé. Il faut maintenant diminuer la dépense publique, non pas pour respecter une norme, mais pour inciter à « *une étape nouvelle [qui] doit être franchie : il faut faire participer les travailleurs à l'expansion des entreprises et les y intéresser directement* ». Les mots sont, là, ceux du rapport de présentation de l'ordonnance relative à la participation des salariés et ils datent de 1967 ! Opter pour cette voie c'est, en même temps, redonner un sens à la valeur-travail et de la valeur au travail ; c'est aussi recentrer doublement l'intervention de l'État, d'une part en *désuniversalisant* partie de la redistribution et, d'autre part, en participant à consolider la démocratie sociale dans l'entreprise. Cette voie heurte, à l'évidence, deux idéologies : celle, marxiste, du salaire plutôt que la prime et celle, corporatiste, de la main trop visible de l'administration.

Alors, aux transitions qui dictent les enjeux de ce siècle il faut en ajouter une, tout aussi nécessaire, celle d'une transition administrative qui doit être, davantage que transition, bifurcation d'un État gérant vers un État garant. Et, Dupont-White donnait, là aussi, comme une leçon avec la critique qu'il adresse aux libéraux qui veulent « *convertir les services publics en exploitations privées* » et au socialisme qu'il range parmi les « *systèmes qui vont à l'effacement de l'Individu [et connaissent] une certaine fortune parmi les esprits* ». (L'Individu et l'État, 1856)

Au *démontage méthodique du programme du CNR* (Denis Kessler) il faut ajouter celui, tout aussi méthodique, de l'appareil de l'État pour, dans un effort walrasien, tenter la synthèse des parties vraies du politique et de l'administratif, de l'économique et du social.

« Le modèle français : néolibéralisme cotonneux et socialisme mou ». RPP, 12 décembre 2022.

3- Mauvais constat et « déni de classe moyenne ».

« *Les bas prix font les bas salaires et ruinent les finances de l'Etat* » : François Quesnay (1694-1774) disait là ce qui, aujourd'hui, ne va pas : les produits et services low-cost, une économie de services, la désindustrialisation, l'austérité salariale et la dette publique.

Ce qui ne va pas c'est l'absence d'une politique publique de développement économique qui a conduit à la panne de l'ascenseur que l'on dit, à tort, social.

La panne n'est pas celle de l'ascenseur social mais celle de l'ascenseur économique. Cette erreur de diagnostic fait traiter socialement des problèmes économiques et des politiques publiques s'acharnent et s'épuisent à faire redémarrer le mauvais ascenseur !Le cercle, vertueux des Trente glorieuses quand la croissance finançait le social qui participait au progrès démocratique, est devenu vicieux : l'économie épuise le social qui épuise l'économie et fragilise le lien social. Le cercle est devenu vicieux parce qu'il n'y a plus d'incitation au développement de la création de richesses, il n'y a plus d'État stratège. L'économie n'a plus la capacité qui permet de répondre aux besoins nouveaux. *Les jours heureux* ont fait place aux crises, il en résulte une défiance envers les élites politiques et sociales, les Institutions et aussi le rejet du travail.

Ce qui ne va pas ce sont ces politiques publiques trop souvent définies sur la base de mauvais constats et dans ce registre il y a les mauvais constats alarmistes et, pire, les mauvais constats de satisfaction.

Les constats alarmistes conduisent à de mauvaises décisions-placébos. Ainsi des aides à l'embauche d'emplois non qualifiés à bas salaires qui créent des *pièges à bas salaires*, ainsi du contingentement des prestations sociales sans repenser le financement du système social et donc sans voir la déconnection qui s'est faite entre l'économique et le social.

Plus grave, il y a les constats de satisfaction qui conduisent à s'entêter pour soigner le mal par le mal. Il y a le constat de satisfaction majeur, celui qui dicte toute l'action publique : l'État peut tout ! Cette certitude s'opère par la dépense publique parce que *dépenser c'est agir* (en affirmant là un théorème alors qu'il s'agit d'une conjecture et sans voir que la dépense publique c'est de la dette !). Ainsi, des « chèques » divers, ainsi du constat que le chômage baisse donnant le signal de lancer une nouvelle politique publique, France emploi, sans voir, ou sans dire, que ce « bon résultat » est dû au nombre des emplois-subventionnés : « *de manière tout à fait inédite, le nombre de bénéficiaires d'un dispositif de politique de l'emploi (...) n'a jamais été aussi élevé qu'en 2021, alors même que le marché du travail affichait un dynamisme et un niveau inconnus depuis fort longtemps* »- **Bruno Coquet, OFCE***)*.

On est tellement habitué au chômage que la politique de plein emploi relève d'un ministère du travail et non pas d'un ministère de l'économie et de l'industrie qui n'existe plus depuis longtemps (c'est aujourd'hui un ministère délégué qui porte l'objectif de réindustrialisation et de souveraineté économique).

Ce qui ne va pas c'est l'incapacité de l'Etat employeur et producteur de services à se réformer. Si l'augmentation continue du taux de prélèvements obligatoires rapporté au PIB est un signal économique, il nous signale que le principal gagnant de la croissance c'est l'Etat qui, pour agir en dépensant doit d'abord prélever sur la richesse créée.

L'État gagnant de la croissance est étrangement absent du nécessaire débat sur le partage de la valeur et la redistribution ne l'exonère pas d'y participer. Il faut, maintenant, prendre à l'Etat.

Vaut-il mieux payer le coût fiscalo-social ou le vrai prix économique ? Faut-il subventionner les bas salaires en finançant les subventions par la taxe ou bien payer le prix du travail et non pas celui des taxes ? Si le coût du travail est une vraie question, il faut remettre à plat ce que le travail et l'emploi financent et déplacer la « charge sociale » du travail et de l'emploi vers le revenu. La substitution de la CSG à la cotisation salariée à l'assurance chômage est un sacré exemple à la fois de financement et de restructuration du modèle qui est en fin de vie. Denis Kessler avait peut-être raison de vouloir démonter méthodiquement le modèle du CNR, il avait raison la condition qu'un autre modèle donne à voir un horizon. Mais les acteurs politiques, économiques et le corps social s'attachent à des totems d'un autre âge et le nouveau modèle, le nouvel horizon, on ne les voit pas.

Ce qui ne va pas c'est cette absence d'horizon, qui crée et entretient la méfiance et la défiance : la France est « *marquée par une érosion significative de la confiance politique qui affecte les institutions et le personnel politique (...) la défiance envers les hommes politiques a progressé de vingt points : 55 % des personnes interrogées déclaraient ne pas faire confiance aux hommes politiques en 1985, ils étaient 75 % en 2001 [...] Surtout, les partis politiques sont jugés sévèrement, 77 % des personnes interrogées déclarant ne pas leur faire confiance.* » (Richard Balme, Jean-Louis Marie, Olivier Rozenberg- « Les motifs de la confiance (et de la défiance) politique : intérêt, connaissance et convictions dans le raisonnement politique », *Revue internationale de politique comparée*, Vol.10, n° 3, 2003)

La défiance : de 2002 à 2022 : sur l'ensemble des tours aux législatives et présidentielles, le taux de participation des « votants systématiques » est passé de 47 à 37%, celui des « abstentionnistes systématiques » de 12 à 16%... Le vide des urnes laisse la place aux ronds-points et autres « programmes » qui jamais dans l'histoire n'ont été porteurs de progrès démocratique.

Ce qui ne va vraiment pas dans ce mouvement de *ça ne va pas* c'est l'oubli dans lequel est tombée la classe moyenne. Elle est exclue d'un débat public focalisé sur l'opposition entre le « 1% » le plus riche et le premier décile de la distribution des revenus mais elle se confronte à la bipolarisation des emplois, redoute de voir ses enfants vivre moins bien qu'elle, elle se trouve au-dessus des plafonds ouvrant droit à prestations sociales. Oubliée par les partis politiques « de progrès », fragilisée par la nouvelle économie, trop souvent hors-jeu des politiques publiques trop occupées à répondre *à ceux qui en ont le plus besoin,* la classe moyenne ne se voit plus comme en transition vers une classe supérieure mais comme assignée à un statut, fragile, qui risque de se dégrader encore. La place est laissée vide pour des symboles dont s'emparent des tribuns, rarement issus du 1er décile ou de la classe moyenne, qui appellent à une *Conjuration des Égaux.*

C'est un enjeu démocratique qui se joue là bien davantage que dans un mauvais parlementarisme fait de milliers d'amendements de blocage ou dans un maladroit 49-3.

« Ce qui ne va pas... » RPP, 9 mai 2023.

4- On a subventionné l'inflation.

Dans une économie fortement administrée et socialisée, pour lutter contre l'inflation il n'y a plus d'autre solution que de soutenir le pouvoir d'achat des ménages en injectant encore de l'argent public. Le cercle est devenu vicieux : le niveau de socialisation de l'économie force aujourd'hui à socialiser l'inflation. Dans une économie administrée, on ne peut pas agir contre l'inflation, on finance le maintien du pouvoir d'achat !

Les causes de l'inflation sont identifiées et dénoncées. Ce sont les blocages logistiques consécutifs à la crise Covid, l'augmentation du coût des intrants que l'on importe, le tout aggravé, ô combien, par la guerre. Des causes qui font oublier que le (nécessaire) quoi qu'il en coûte avait des effets inflationnistes en finançant une non-consommation forcée et en permettant une épargne de précaution dont le déconfinement a soutenu le rebond de croissance de fin 2021. Le quoi qu'il en coûte était aussi gaspillage de ressource en maintenant en coma artificiel des entreprises zombies. Le tout financé par la dette !

En finançant le maintien du pouvoir d'achat par de l'argent public, il faut craindre que l'ambition affirmée de n'avoir ni impôts nouveaux ni dette supplémentaire ne puisse pas être tenue. Ce « ni-ni » reposait sur l'hypothèse, habituelle chez les politiques et les économistes, que *toutes choses sont égales par ailleurs*. Les variables de l'équation budgétaire qu'il faut résoudre pour tenir cette ambition ne sont plus les mêmes, les choses ne sont plus égales ! Le retour des taux en territoire positif, et l'effondrement de la croissance s'ajoutent à l'inflation.

Les variables de l'équation n'ont plus la même valeur. La politique budgétaire du « ni-ni » devient une mathématique du hasard.

Le relèvement des taux ? Une part significative de la dette souveraine, qu'il faut refinancer, va coûter plus cher. Dans ce contexte, pour maintenir le cap de *pas d'impôts nouveaux ni de dette supplémentaire*, il faut pouvoir compter une croissance forte et durable pour financer le surcoût du service de la dette.

La croissance ? La remontée des taux pèse aussi sur les investissements privés, et donc sur le potentiel de croissance. Le rebond de croissance de fin 2021 a fait occulter que les fondamentaux de l'économie nationale ne s'étaient pas améliorés. Les heureuses perspectives de croissance de début d'année confortaient l'euphorie qui n'était qu'aveuglement. Avec une perspective de croissance révisée à la baisse (+2,5% en 2022 puis +2,4% en 2023) les conséquences sur les rentrées fiscales viennent encore modifier l'équation initiale et compliquer l'atteinte de l'objectif de n'avoir ni impôts ni dette supplémentaires.

Maîtriser effectivement, sinon diminuer, le niveau de la dépense publique faciliterait l'atteinte du « ni-ni », cet objectif initial et salutaire. On appellerait ça *politique de rigueur*, un régime qui permet de passer les crises. Mais, voilà que la variable inflation s'est invitée dans l'équation. Elle pourrait participer à résoudre l'équation en diminuant le coût effectif de la dette et en soutenant les rentrées fiscales ; elle le pourrait si elle ne forçait pas à prendre en compte une autre variable : le subventionnement du pouvoir d'achat. L'inflation n'arrive jamais seule !

La mathématique initiale qui faisait promettre ni dette ni impôts nouveaux est bouleversée, le pouvoir d'achat n'est pas une variable : c'est un invariant social qui s'impose, ici, à l'État et non pas à l'Économie.

Dans ce contexte les paradigmes sont renversés. On s'affole, et l'on oublie l'effroi qui agitait les économistes et la haute finance qui, lorsque les taux sont passés en territoires négatifs, avertissaient que nous entrions dans l'inconnu.

Au moment où l'on sort (violemment) de cet inconnu, auquel on a donné le nom rassurant de *quantitative easing*, nous en sommes prisonniers, nous nous étions habitués, syndrome de Stockholm.

Sous l'urgence sociale le Politique prime, les fondamentaux de l'Économie sont mis au second plan et nombre d'entrepreneurs non schumpetériens, habitués eux aussi à demander le secours de l'État, se joignent au concert. Et tant pis si le maintien du pouvoir d'achat par l'injection d'argent public, qui ne garantit pas le maintien du niveau de consommation, a un effet cliquet sur l'évolution des prix.

Les *chèques inflation* sont, finalement, bien nommés ainsi parce qu'ils subventionnent l'inflation en mettant en dynamique un multiplicateur keynésien pervers, qui devrait remettre à la réflexion les leçons de l'effet Cantillon (qui semble se réaliser dans les « super marges » que l'on dénonce).
L'économie administrée, ce placébo pas vraiment social ni, forcément, libéral a ouvert une *route de la double servitude*, celle de l'impôt et de la dette. Sur cette route ce n'est pas d'avancer en territoire inconnu qu'il faut redouter, mais l'hérésie politique et une nouvelle hétérodoxie économique qui finiront par normalise l'irrationnel.

« Quand défendre le pouvoir d'achat, c'est subventionner l'inflation. » RPP 6 juillet 2022.

II - Société.

5- L'économie de supermarché, le nouvel État providence ?

Les prix bas sont devenus le mantra de la grande distribution qui s'est construit un rôle « d'amortisseur économique » *qu'elle sublime*. La voilà prête (selon les mots d'Alexandre Bompart, PDG de Carrefour, s'adressant à ses collaborateurs durant le premier confinement) à revendiquer un rôle politique « *allant parfois jusqu'à jouer sur le même terrain que la puissance publique* » et se présenter comme un possible « *service public de l'alimentation* ». La vocation nouvelle des supermarchés serait d'être *entreprises providence*... sur cette lancée on pouvait s'attendre à ce que la grande distribution se présente bientôt comme la 6ème branche de la Sécurité sociale ?

L'État qui se méfie de l'économie de marché, qu'il encadre et réglemente toujours plus, fait-il le pari de l'économie de supermarché jusqu'à déléguer à la grande distribution la défense du pouvoir d'achat après s'être épuisé à le subventionner ? La grande distribution nous offre les bas prix et le choix (jusqu'à pousser à la consommation) et il faut la féliciter pour cela, c'est son métier et elle le fait bien !

La grande distribution ne participe à éviter la boucle inflationniste salaire-prix. Mais il faut raison garder, elle n'est pas entreprise providence et ne sera pas service public de l'alimentation, ce n'est pas sa raison d'être !

C'est la *raison économique* qu'il faut retrouver pour se souvenir que « *le bas prix des denrées fait baisser le salaire, diminue (son) aisance, procure moins de travail et d'occupations lucratives* » (François Quesnay (1694-1774), in « *Maximes générales du gouvernement économique d'un royaume agricole* », 1758) . La leçon est ancienne mais elle vaut encore, l'économie low-cost en est l'exemple illustratif (emplois peu qualifiés, précaires, protection sociale low-cost elle aussi). François Quesnay ajoutait que la spirale *bas prix-baisse du salaire* finissait par « *anéantir les revenus de la nation* », le constat reste d'actualité. La grande distribution n'a pas vocation à être un providentiel service public de l'alimentation. Elle connaît la leçon de Quesnay et pour que le prix du panier de la ménagère soit bas, c'est toute la chaîne de création de la valeur qui doit être à bas coût, depuis le fournisseur jusqu'à l'employé. Le bas prix fait baisser la rémunération du fournisseur, du producteur (que l'État doit subventionner) et les salaires (que l'État doit aider). **Le supermarché-providence est un trompe l'œil, pour le consommateur et pour l'État aussi.**

Le consommateur s'est d'abord fait logisticien en poussant et remplissant son charriot, il est aujourd'hui « opérateur de caisse » quand les caisses sans caissiers se multiplient anéantissant, pour partie, les ressources sociales et fiscales de l'État. Pour reprendre un slogan des années 70, la grande distribution écrase les prix, mais pas que les prix !

S'il s'en remet à la grande distribution pour la défense du pouvoir d'achat, alors l'État s'est perdu dans le mirage de l'économie à bas coûts ! Après Quesnay, il faut aussi en appeler à Frédéric Bastiat qui alertait « *Entre un mauvais et un bon économiste, voici toute la différence : l'un s'en tient à l'effet visible ; l'autre tient compte et de l'effet qu'on voit et de ceux qu'il faut prévoir (…) il arrive presque toujours que, lorsque la conséquence immédiate est favorable, les conséquences ultérieures sont funestes, et vice versa.* » … une leçon qui vaut autant pour les économistes que pour les politiques. La conséquence immédiate favorable c'est une inflation contenue par comparaison avec les pays de l'UE. Les conséquences ultérieures funestes ? Nombreux parient que ce sera impôts et dette, parions avec eux.

« De l'économie de marché à l'économie de supermarché ? » RPP - 1er Septembre 2022

6- L'État face aux grévistes (il n'y a plus de patron).

Acquis des luttes ouvrières du XIXème siècle le droit de grève bénéficie de la plus haute protection, celle de la Constitution. Au risque de choquer un Schumpeter, les grèves doivent être considérées, dans l'histoire économique et sociale, au titre des facteurs de destruction créatrice. Elles ont détruit le despotisme du patron, les acquis sociaux qu'elles ont permis ont fidélisé l'ouvrier, sécurisé sa famille.

Le *vivre en travaillant ou mourir en combattant* des canuts lyonnais inaugurait le cycle qui de corporatiste est devenu cette geste sociale bénéficiant à l'ensemble du corps social. Respiration de la démocratie sociale la grève alimente un incurable débat entre le caractère légitime ou non qu'elle peut avoir, entre son caractère social ou corporatiste. Le débat n'oublie jamais de rappeler que la grève est un droit.

La construction progressive du droit social a fait adapter le système de production à des attentes légitimes. Progrès économique et progrès social ont participé à l'affermissement démocratique en s'efforçant de traduire, dans le réel, le débat qui oppose, depuis toujours, Liberté et Égalité. Toutes deux héritées des libéraux révolutionnaires de 1789, la Liberté et l'Égalité ont dans le domaine économique et social un parcours hésitant qui explique certainement bien certains des excès des deux camps.

Les révolutionnaires de 1789 se présentaient libéraux en faisant prévaloir l'individu sur les corporations de métier des institutions sociales qui, participant au maintien de l'ordre établi, s'opposaient à la liberté du travail, du commerce, à la liberté d'établissement. Le décret Allarde puis la loi Le Chapelier en 1791 interdisent donc les corporations de métier pour affirmer la libre concurrence et la liberté d'entreprendre. Il faut attendre Napoléon III, un libéral économique de conviction mais politiquement despotique, pour qu'avec le député républicain Émile Ollivier, qui sera son ministre, soit aboli le délit de coalition et autorisé un droit de grève. Et il faut attendre encore 1884 et la loi Waldeck-Rousseau pour que, dans le mouvement ouvert par la loi Ollivier, les groupements professionnels, d'ouvriers et de patrons, soient autorisés pour permettre un mode de régulation nouveau des rapports sociaux. La grève devenait ce « *mode de régulation naturel des rapports sociaux qui n'implique pas, par essence, une remise en cause des formes de domination de la sphère productive.* » (La grève en France, une histoire sociale -XIXème, XXème siècles, Stéphane Sirot – Odile Jacob, 2002).

La grève de l'ère moderne, qui s'ouvre en 1936 puis s'affirme, en 1947-1948, avec les grèves de la reconstruction, a débordé le cadre de la sphère productive pour se faire mouvement social revendiquant non seulement l'amélioration des conditions et de rémunération du travail mais aussi des réformes que l'on ne disait pas encore sociétales. Dans une économie fortement socialisée la grève moderne oppose aujourd'hui les travailleurs à l'État et rend subsidiaire les rapports entre *travailleurs* et *patrons*. Il est jusqu'aux fermetures d'entreprises qui, davantage qu'un échec économique avec ses conséquences sociales, sur les individus et sur des bassins d'emploi, sont vécues comme un problème politique davantage que social et économique. L'État est alors accusé de n'avoir pas suffisamment incité, de n'avoir pas suffisamment sécurisé, le cas Bridgestone l'a illustré récemment.

Nous vivons aujourd'hui le mouvement le plus caractéristique de ces grèves de l'ère moderne.

Un évènement macroéconomique, aggravé par la guerre en Ukraine et la rupture des chaînes d'approvisionnement, a conduit l'État à sur-jouer son rôle de Providence en soutenant par des boucliers-inflation les individus et l'appareil productif. Le dispositif était rôdé avec l'intervention massive des financements publics et l'inflation réglementaire en réponse aux conséquences économiques et sociales de la crise sanitaire. L'État a donc agi, en dépensant. Après la nationalisation des salaires avec le chômage partiel il a joué la nationalisation du pouvoir d'achat.

Il n'est donc pas surprenant qu'une grève au motif salarial vienne bloquer l'ensemble de la société et tente de prendre la forme de la grève générale. Il n'est pas surprenant que les grévistes n'acceptent pas les propositions de la direction de l'entreprise. Derrière le motif salarial c'est à l'État que le mouvement s'adresse pour démontrer autant l'insuffisance des boucliers tarifaires que celle de sa politique de souveraineté énergétique et la fragilité de ses recommandations de sobriété. Le mouvement de grève récupère le discours des oppositions politiques qui, elles, tentent de récupérer le mouvement syndical.

L'État sait dépenser mais il négocie moins bien et, dans le face à face avec les grévistes les organisations syndicales, desquelles l'appareil de l'État se méfie depuis... 1789, peinent à garder la main sur les piquets de grève, ce droit individuel qui s'exerce collectivement (à main levée).

La grève a débordé, peu à peu, le cadre des relations sociales au sein de la sphère productive pour se politiser. En satisfaisant à sa tentation interventionniste, qui donne l'illusion d'une planification douce et peine à remplacer l'État stratège, L'État-administration se présente « dernier recours ». La chute d'audience des syndicats, ces corps intermédiaires dont les pouvoirs exécutifs ont oublié qu'ils pouvaient leur servir de bouclier social, met face à face grévistes et exécutif, le peuple et le pouvoir souverain. D'aucuns renvoient alors, comme une image, au mythe de la Grande Révolution en oubliant qu'avec le droit de grève le droit d'insurrection disparaissait et en oubliant aussi qu'après avoir été régicide le peuple a été robespierricide.

Il y a dans le blocage des raffineries une leçon à retenir, celle de grévistes qui ne s'adressent pas aux patrons mais à l'État, une grève qui attend une réponse politique, celle aussi d'une grève qui affirme représenter les « *36% des Français (45% chez les ouvriers) [qui] disent appartenir à une France en colère et très contestataire* » (étude « Fractures françaises », réalisée par Ipsos-Sopra Steria pour « Le Monde », la Fondation Jean-Jaurès et le Cevipof.)

« De quoi la grève est-elle aujourd'hui le nom ? » RPP, 20 octobre 2022.

7- La classe moyenne des territoires est dans la rue.

En 2019 les Gilets jaunes nous ont dit ce qu'était l'état de la démocratie politique et sociale : elles sont en coma, que les soins qui leur sont prodigués ne font qu'aggraver.

Les Gilets jaunes, à leur façon, ont fait naître un syndicalisme low cost sur les ronds-points, sans chefs, sans carte d'adhérent, sans locaux. La méfiance, la défiance même, vis-à-vis des syndicats d'une part ; l'omniprésence, d'autre part, de l'État et de son administration à laquelle il faut tout faire remonter et le sentiment diffus que le Chef de l'État investi par le suffrage universel reste un homme providentiel – que l'on aime ou que l'on déteste – d'autre part : voilà les éléments qui ont fait advenir les Gilets jaunes qui n'ont porté leurs revendications ni vers la représentation politique ni vers les syndicats.

Le gilet jaune se porte moins aujourd'hui mais les Gilets jaunes ont, à leur façon, donné corps à la France périphérique qui s'exprime aujourd'hui par des participations massives, dans les villes moyennes, aux manifestations contre la réforme des retraites, une **mobilisation qui dépasse, en nombre et sociologiquement, celle des Gilets jaunes.**

Cette mobilisation est une leçon adressée autant aux promoteurs de la réforme qu'à ses contempteurs. Les premiers, précautionneux, s'emploient à rappeler la constitutionnalité du droit de grève (comme s'ils l'avaient oubliée) et s'en remettent à la démocratie représentative de l'Hémicycle. Les seconds trouvent là un support populaire d'un niveau espéré mais inattendu sans voir qu'il s'agit de l'expression d'un « contre l'exécutif » bien davantage que d'une adhésion à un mouvement redevenu opportunément intersyndical qui s'applique à s'afficher unitaire en acceptant le mélange des genres en défilant avec les partis politiques.

L'individu-concerné a aujourd'hui pris la place du citoyen-engagé et le mouvement contre la réforme doit être compris comme une somme de revendications individuelles davantage que comme un mouvement collectif motivé par l'ambition de sauver le régime par répartition. Il ne s'agit pas de sauver le système mais de sauver sa retraite et c'est une somme de revendications individuelles qui vient nourrir le débat avec des « les retraités s'occupent des petits-enfants », des « je ne veux pas que mes parents arrivent cassés à la retraite » ou l'inverse « je ne veux pas que mes enfants etc. » et des « pénibilité du travail » mis en avant par des non encore dans l'emploi qui, parfois, n'en connaissent que le stage d'une semaine fait en classe de 3ème et, dans les « meilleurs » cas les stages de six mois.

La démocratie politique n'a pas réussi à raviver le fait majoritaire, cet ADN de la Vème République et l'impossible rationalisation des travaux parlementaires vient raviver *l'incurable débat entre la Droite et la Gauche* en faisant retrouver le jeu des alliances opportunes.

La démocratie sociale semblait devoir retrouver sa place avec la loi du 31 janvier 2007 qui disposait que « *Tout projet de réforme envisagé par le Gouvernement qui porte sur les relations individuelles et collectives du travail, l'emploi et la formation professionnelle et qui relève du champ de la négociation nationale et interprofessionnelle fait l'objet d'une concertation préalable avec les organisations syndicales de salariés et d'employeurs représentatives (...) le Gouvernement leur communique un document d'orientation présentant des éléments de diagnostic, les objectifs poursuivis et les principales options.* » Les lettres d'orientation sont devenues lettres de cadrage, la démocratie sociale est restée l'enfant illégitime de la démocratie politique qui semble le rejeter. Quand les représentations syndicales sont réduites à des rôles de figuration, la place est vide et les corps social réinvente la lutte par le moyen de collectifs, de happening sociaux, d'exigences de *droits à,* le tout sans davantage de vision que semble en avoir un appareil d'État avant tout soucieux de répondre aux soubresauts de l'actualité.

L'appareil de l'État a renforcé sa verticalité, il est, depuis bien des années, entraîné à cet exercice. L'individu-concerné, désespéré de ses représentants, descend dans la rue pour prendre sa place dans le processus de création de droits, politiques, sociétaux et sociaux. Il n'accorde plus sa confiance ni à la représentation nationale, ni aux corps intermédiaires ; il ne croit plus aux progrès démocratique, économique et social. Alors, si la mobilisation de ces derniers jours contre la réforme des retraites est un signal fort, il faut voir que le nombre recouvre une géographie dont on peut faire l'hypothèse qu'elle est représentative sociologiquement de la *classe moyenne*. N'est-ce pas là cette classe moyenne du *désert français*, qui ne rêve plus que ses enfants vivent mieux que les parents mais qu'ils ne vivent pas moins bien, qui a marché dans les villes moyennes ?

Faire cette hypothèse c'est faire celle d'un soubresaut de la classe moyenne dont on prédit la mort, depuis des décennies. Au-delà des revendications contre la réforme des retraites les réactions qu'elle motive sont un signal donné par les classes moyennes. Prises entre les marteaux et les enclumes, elles voient disparaître les emplois de qualification intermédiaire, s'annoncer les surcoûts d'une économie numérisée et décarbonée, elles subissent la disparition des services publics de proximité, ne croient plus à la méritocratie et s'inquiètent aussi de la remise en cause du modèle pavillonnaire alors qu'elles viennent de faire installer une prise de recharge pour la voiture hybride plug-in. Ne faut-il pas voir dans ce mouvement déclenché par la réforme des retraites qu'il peut être celui de forces souterraines et profondes et qu'il nous rappelle que

« *la première singularité de la société française depuis deux cents ans, c'est sans doute d'avoir toujours eu une classe moyenne relativement nombreuse* ». Oublier cette singularité, quand la classe moyenne n'est plus cette petite bourgeoisie suffisamment aisée et qu'elle ne mérite ni les anathèmes d'un Karl Marx, ni la savoureuse caricature d'un Flaubert ou la moquerie des progressistes, c'est oublier que la classe moyenne, cet entre-deux et non pas un juste milieu, forme la classe de la raison en « *désignant un ensemble de valeurs et d'aspirations à la stabilité, à la cohésion et au progrès, sans lesquelles la cité risquerait, pense-t-on, de perdre l'équilibre* » (Thierry Pech).

Cet oubli c'est l'occasion donnée aux révolutionnaires d'aujourd'hui de ressortir les « prendre aux riches » et autres références qui, elles non plus, n'ont pas assimilé que c'est cette classe moyenne qui a porté les révolutions, et en a bénéficié. Les rois et les Robespierre ont finis « guillotinés », ils se confrontent aujourd'hui au suffrage universel avec plus ou moins de succès et l'échec n'interdit pas de retenter le coup.

La raison cède au fétichisme. La mobilisation nous dit que ce qu'il se passe, c'est un rendez-vous manqué, un nouveau rendez-vous manqué, un de tous ceux qui ont construit ce modèle politique, économique et social mais une de ces mobilisations qui peuvent participer à saper les institutions démocratiques.

« La rue, la classe moyenne et la démocratie » - RPP, 3 février 2023

8 - Droit à la paresse et sens du travail ? Erreur de diagnostic !

Il a fallu que revienne la revendication du *droit à la paresse*, mal compris, pour que la « relation au travail » devienne le centre de débats qui occupe les plateaux télé, les cercles de réflexion, motive des colloques et qu'elle vienne nourrir les politiques publiques de courte vue.
Évidemment, de toutes parts, on affirme que la perte de sens du travail n'a rien à voir avec une préférence pour la flemme, ce serait trop simple que de se satisfaire de l'explication d'un Français flemmard, soucieux de ses RTT, jours chômés et semaines de congés payés. Ce serait simpliste et ce serait se faire mal.

Viennent alors au débat la pénibilité du travail et l'usure au travail, une évidente réalité pour certains emplois que des discours font généralité. D'autres avancent que les prestations monétaires diverses, trop généreuses, n'incitent pas au travail, c'est là aussi une réalité pour certains dont on fait une généralité.

S'ajoute l'explication générationnelle. Les générations X, Y, Z, les millenium qui ne croient plus au travail. Ils ont, dans leur relation au travail, des circonstances atténuantes. Ils sont nombreux à avoir grandi avec le chômage de masse comme image (!) du travail, ils sont nombreux à avoir grandi avec la perspective des « petits jobs » et ils ont entendu que le système social n'avait plus d'avenir. Ils sont nombreux aussi à avoir compris que l'Éducation nationale n'avait pas pour but de les préparer à l'emploi. Les autres circonstances atténuantes sont le confort offert par le progrès économique soutenu par une consommation de masse *low-cost*. Ils ont, évidemment, une autre relation au travail que celle des *boomers*. Flemme, pénibilité, confort des prestations sociales, éducation : le diagnostic est insuffisant. **La nouvelle relation au travail n'a pas pour cause première le refus du travail mais l'échec du modèle économique à tenir la promesse d'une vie meilleure, d'une ascension sociale, d'un plus grand confort.**

Le droit à la paresse ? Il s'est de fait, peu à peu, réalisé grâce aux gains de productivité permis par le progrès technique et investis dans du temps de congés. Les gains de productivité ont permis la diminution du temps de travail inscrite dans une tendance lourde. La recherche d'un meilleur équilibre entre vie domestique et vie professionnelle est légitime et le télétravail apporte une réponse pour ceux qui en bénéficient.
La question du sens du travail n'est pas nouvelle : progrès technique et désindustrialisation au profit (!) d'une économie de service – emplois à bas salaires qui n'offrent pas de perspective d'évolution sociale – ont fait poser la question du sens du travail bien avant que ne revienne la revendication du droit à la paresse. Lorsque le chômage de masse s'est installé comme une « préférence », on a inventé les pré-retraites et ressorti aussi une solution directement issue de la Commission du Luxembourg de 1848 : les emplois aidés ou subventionnés sous des formes diverses, constamment enrichies par des politiques publiques de courte vue. Le mal vient de loin !

Le diagnostic invite, alors, à s'interroger non pas sur le confort offert par les prestations sociales compensatrices mais sur la perte de valeur du travail qu'elles induisent. La valeur du travail ne s'est-elle pas réduite à celle des aides qui le subventionnent ? S'il n'y a plus d'incitation à « bosser » la cause n'en est-elle pas tout autant le « confort » des aides que dans leurs effets structurants sur la nature des emplois offerts et sur l'austérité salariale ?

Les politiques publiques pour l'emploi ont socialisé la question de la juste rémunération, elles l'ont externalisée de l'entreprise. Tout le monde s'en satisfait : les entrepreneurs subventionnés, les salariés aidés et l'Administration qui trouvait là à étendre encore le champ de l'action publique ! Nous sommes au point où les questions économiques sont, aujourd'hui, traitées comme des questions sociales. Une science administrative a supplanté l'analyse économique. La « préférence française » n'est pas pour le chômage mais pour l'intervention publique ! **Sur la base du constat erroné que l'on n'aimerait plus le travail, les politiques publiques se focalisent sur des incitations au travail et oublient qu'il faudrait aussi des incitations à l'emploi.**

Á ce moment du *quiet quit* et des emplois non pourvus, dont on parle comme d'un stock alors qu'il s'agit d'un flux, qui font à nouveau l'actualité ne faut-il pas changer de politique ? Faut-il encore aider l'emploi ou au contraire le libérer ? Les diverses aides à l'employeur n'ont-elles pas pour conséquence de faire oublier ce qu'est le vrai prix du travail ? L'incitation à employer n'est-elle pas dans la suppression des aides et subventions, qui ne sont pas de l'argent magique mais financées par des impôts et taxes... Rien ne se perd, rien ne se crée, tout se... finance ! Est-il raisonnable de payer le coût des prélèvements obligatoires pour ne pas payer le vrai prix du travail ? La compétitivité-coût y gagne-t-elle ?

Il n'est pas vrai que l'on a tout essayé : on n'a pas essayé de renverser le paradigme ! Ce n'est pas l'ascenseur social qui est en panne : il n'a jamais fonctionné ! C'est l'ascenseur économique qui fonctionnait et qui, aujourd'hui, ne fonctionne plus.

Ce n'est pas le « social » qui épuise l'économie, c'est l'atonie de l'économie trop administrée qui a épuisé la protection sociale (qui n'avait pas pour but de supplanter l'insuffisance d'un modèle économique administré).

La perte de sens du travail n'est pas le fait d'une génération, ni ne résulte d'une démagogie populiste : elle résulte d'un long mouvement de politiques publiques qui ont fait prendre des mesures d'assistance sociale pour mesures de politique économique. L'individu autant que l'entrepreneur y ont cru. Biberonnés aux aides et à l'assistance nous ne savons plus ce qu'est le vrai prix du travail et ne voyons pas celui des subventions et des prélèvements obligatoires.

« La perte du sens du travail ? Erreur de diagnostic ! » - RPP 23 mai 2023.

III - Institutions.

9 - N'insultons pas l'Histoire !

Voilà donc que pour « *défaire méthodiquement le programme du CNR* » on lui emprunte son nom qui vient comme voile de légitimité redorer le blason d'une start-up nation qui peine à inventer le monde d'après.

Alors que le Royaume Uni crie « La Reine est morte, vive le Roi ! » ici c'est « Le CNR est mort, vive le CNR ! ». Un cri de part et d'autre du Channel qui nous inscrit, chacun à notre façon, dans le temps long de l'Histoire. Mais, il faut se méfier et ne pas insulter l'Histoire, surtout pour le plaisir d'une formule !

Les références gaulliennes sont devenues les fondements non pas de la Politique mais des *storytelling* politiques. Il n'en est pas un dans le personnel politique qui ne se réfère au fondateur de la Vème République trouvant là à se vêtir d'un lambeau de légitimité qui, pense-t-il, l'ancre dans l'Histoire. Ces tentatives d'identification, faites doctrines, donnent leur pleine mesure lors des campagnes pour l'élection présidentielle, moment où l'on voit tel ou tel, investi de lui-même, citer de Gaulle et s'approprier partie de l'héritage. Ce numéro de claquettes est devenu un exercice imposé qui ne remporte pas la ferveur du jury. Mais il y a plus fort que la figure imposée, c'est la figure libre et dans ce domaine il y a encore plus acrobatique avec la figure libre à front renversé. Ainsi du Conseil national de la refondation dont l'acronyme renvoie à ceux qui ont su reconstruire la France de l'après-guerre et lui donner un avenir.

En empruntant l'acronyme il faudrait aussi emprunter l'outillage et annoncer que le référendum fait partie de la boîte à outils. Tant qu'à y être autant oser le grand jeu, celui de la légitimation par le peuple !

Un CNR-2022 et un référendum 2.0, à n'en pas douter ce serait bien parti pour refonder. Toute la mystique gaullienne serait convoquée pour accompagner et conforter une nouvelle méthode toute de transversalité et de transparence.

Aujourd'hui parce que *l'homme-masse*, cet *enfant gâté* d'Ortega y Gasset a gagné, car *il a des idées arrêtées surtout,* l'homme providentiel doit se faire, lui, transversal et transparent car c'est là que se trouve la légitimité de l'action publique !

Mais, *amor fati*, si le tableau n'est pas complet mais il ne faut pas être grognon c'est irresponsable. Il faut saisir l'occasion et voir là une louable et heureuse tentative de modernisation du lien entre les aspirations citoyennes et l'appareil de l'État. Il faut voir là la résurrection d'un destin national davantage que l'échec du concept de la start-up nation. Peut-être faut-il voir là, aussi, le sens révélé de ce qui se cache encore derrière le Haut-commissariat au plan, autre dénomination d'emprunt autant qu'abracadabrantesque mais bien venue dans ce contexte général de court-termisme.

Ne pas être grognon parce que, non, le CNR-2022 n'est pas contournement de la représentation nationale : qu'elle se rassure, elle sera jointe au jeu. Que les acteurs économiques et sociaux se rassurent eux aussi, ce n'est pas parce que hors du CNR-2022 les ministres annoncent telle ou telle réforme qu'ils ne seront pas écoutés. Ne pas être grognon parce que la règle du jeu du CNR-2022 ne peut pas être d'écouter pour ne pas entendre.

De l'avis des participants le CNR démarrait bien, peut-être parce qu'un quart des invités n'étaient pas là, et l'on se félicitait prudemment de voir se mettre en place la nouvelle méthode. Il y avait des « on se félicite de voir réinventés les modes de dialogue » (par ceux qui se disent hors d'état de négocier une réforme de l'Assurance chômage) et des « on veut juger si la méthode est loyale » (par ceux qui privilégient le réformisme) et encore ceux qui y étaient « avec ambition mais sans angélisme ».

Le *oui franc et massif* attendra ! Pour entrer dans le cénacle de ce Conseil, les invités doivent laisser leur idéologie au vestiaire.

Il reste que c'est étrange de recourir à un CNR quand le totem auquel il renvoie est celui d'un modèle usé jusqu'à la corde par une lente mutation qui l'a transformé en système de solidarité et d'assistance alors qu'il a été conçu comme un système cohérent d'assurances sociales, financé par le travail qu'il faut aujourd'hui subventionner. Instrument de progrès, il est devenu gouffre à finances publiques. Le constat n'est pas d'hier et c'est bien une refondation qui s'impose.

Mais, ce n'est pas une refondation c'est une réforme, celle des retraites, qui venait et s'est affirmée hors de ce CNR 2022. Il faut bien sûr gouverner, il faut rester droit dans ses bottes, mais bon ! La co-construction et le CNR -2022 en prennent un coup ! Le CNR-2022, une insulte à l'Histoire ?

> « Le CNR est mort, vive le CNR ! N'insultons pas l'Histoire ! » - RPP 14 septembre 2022

10 - La Constitution, rien que la Constitution, toute la Constitution !

Le 49-3 n'est pas un monstre anti-démocratique : il est dans l'ADN du modèle français, il ne mérite pas les anathèmes qui lui sont adressés et mérite mieux en défense mais, une réforme mal engagée, insuffisante au regard de l'enjeu qu'elle s'est fixé, conduit à ce moment institutionnel particulier, détestable et regrettable : il y aurait déni de démocratie !

Il faut remercier les pères fondateurs de la Vème République d'avoir prévu cet article 49 alinéa 3. Il permet de gouverner quand le pouvoir exécutif n'a pas de majorité parlementaire (ou quand il ne lui fait pas confiance, cas d'école que les constitutionalistes de 1958 n'imaginaient certainement pas). Mieux, il permet à l'opposition, aux oppositions, de s'opposer vraiment en censurant le gouvernement (les constitutionalistes de 1958 n'envisageaient certainement pas que l'opposition se satisfasse de faire claquer les pupitres pour rythmer une Marseillaise).

Les fondateurs de cette Vème République semblent avoir prévu ce 49-3 pour leurs successeurs, ceux qui n'oseraient pas le référendum, n'étant plus monarques-républicains, parce que dépositaires du seul suffrage universel et non pas de l'Histoire ni de la Vision. C'est là ce que révèle ce 49-3 auquel il faut reconnaître sa pleine constitutionalité et voir qu'il donne à l'Assemblée nationale une responsabilité effective de contrôle-sanction de l'action du gouvernement : aux oppositions de s'opposer vraiment en déposant une motion de censure puis de la voter. Le 49-3 engage la responsabilité du gouvernement mais celle aussi de chacun des députés mis devant le choix de voter pour la censure pour obliger le gouvernement à démissionner ou de s'abstenir et, « qui ne dit mot consent », de soutenir alors le gouvernement.

Le 49-3 dit ce qu'il est vraiment en affirmant le rôle de censure de l'Assemblée nationale quand l'exécutif est en échec.

Bien d'autres pratiques, qui ne soulèvent pas autant de réactions, sont des *49-3 aux petits pieds* auxquels nous sommes habitués. Ainsi des ordonnances ou des cadrages gouvernementaux qui dictent aux partenaires sociaux ce que doivent être leurs accords. Ces *49-3 aux petits-pieds* ne font pas que dénaturer la démocratie, politique et sociale. Les ordonnances forcent le jeu parlementaire et les cadrages gouvernementaux transforment profondément le système de protection sociale, bien plus que le projet de réforme des retraites. Les « coups d'État permanents » ne seraient-ils pas là bien davantage que dans un centième 49-3 ?

Le 49-3 c'est le double effet Kiss cool constitutionnel : un goût d'échec de l'exécutif puis, s'il n'y a pas censure, le goût de l'échec des oppositions. Le 49-3 se présente là comme une expression inattendue du « en même temps » : s'il n'y a pas censure c'est, pour l'exécutif, une victoire à la Pyrrhus, et s'il y a censure s'en est une aussi pour l'opposition.

Le 49-3 gène de l'ADN de la Vème République c'est certainement le président François Mitterrand qui en parlait le mieux « *Comment fonctionneront les pouvoirs publics ? À cette question, je ne connais qu'une réponse : la Constitution, rien que la Constitution, toute la Constitution. (...) La Constitution attribue au chef de l'État des pouvoirs que ne peut en rien affecter une consultation électorale où sa fonction n'est pas en cause* » (Message du Président de la République François Mitterrand, lu le 8 avril 1986, devant chacune des deux Assemblées par leur président). »

Pour les pères fondateurs de cette Vème République, le 49-3 n'était toutefois qu'une des informations génétiques de la Constitution dont l'ADN était le référendum qui « *enfin, institué comme le premier et le dernier acte de l'œuvre constitutionnelle m'offrirait la possibilité de saisir le peuple français et procurerait à celui-ci la faculté de me donner raison, ou tort, sur un sujet dont son destin allait dépendre pendant des générations.* » (Charles de Gaulle – Mémoires d'espoir – Tome 2, L'effort).

O tempora, o mores, la démocratie est un chantier permanent.

« Le 49-3 ? ADN du modèle français ! » - RPP 20 mars 2023.

11 - La Vème République essoufflée, la Vème République accusée mais la Vème République activée !

La Vème République serait essoufflée, inadaptée aux évolutions du corps social ; elle serait trop « présidentialiste » jusqu'à se faire aujourd'hui anti-démocratique ! Il en faudrait donc une VIème. Quand on ne sait pas faire avec les Institutions, c'est comme quand on est devant un meuble IKEA que l'on ne sait assembler : on accuse les concepteurs, il manque toujours une pièce alors que, se faisant fort de savoir, on a négligé de lire la notice.

Si elle s'essouffle c'est parce qu'on a accéléré son rythme cardiaque, celui du mandat présidentiel passé de 7 à 5 ans. Si elle n'est plus adaptée au corps social c'est que l'on a oublié un instrument majeur, pleinement démocratique, le référendum, et négligé aussi les corps intermédiaires. Le résultat c'est, inévitablement, l'accentuation de son caractère présidentiel sans voir que l'action présidentielle s'est, peu à peu, recroquevillée sur l'administration de court terme. Les successeurs du fondateur de cette Vème République ne sont plus ce monarque républicain qui avait la double légitimité du suffrage universel et, en même temps, celle de la stature que lui donnait l'Histoire. Ils ont remisé l'esprit de la Vème pour s'attacher à sa lettre. C'est la victoire des ni-ni, c'est l'abandon d'une certaine idée de la France.

Ceux qui réclament une VIème dénoncent l'hyperprésidentialisation, le mépris de la représentation nationale et une crise démocratique. Ils oublient qu'après avoir dénoncé le coup d'État permanent celui qui arrivait aux plus hautes fonctions se laissait aller à trouver que si les institutions n'étaient pas faites à mon intention... elles sont bien faites pour moi. Tellement faites pour lui qu'en 1986 il trouvait dans le texte que « *La Constitution attribue au chef de l'État des pouvoirs que ne peut en rien affecter une consultation électorale où sa fonction n'est pas en cause* ».

Le costume institutionnel a cela de remarquable qu'il est ajustable à souhait !

Les promoteurs d'une VIème république la réclament en cachant leur égo derrière l'opinion publique qui serait Raison. L'opinion publique doit faire entendre, par la voix de ses hérauts, raison aux gouvernants. Ne peut-on voir qu'ils promeuvent, en fait, le règne de l'opinion sur laquelle ils règnent par l'affirmation d'approximations, de contre-vérités, pointant ce qui selon eux ne marche pas pour eux et qui, forcément, ne convient pas au peuple ! Les gouvernants jouent le même jeu en s'attachant à la lettre de la Constitution, ignorant l'esprit et incapables, le moment venu, de jouer pleinement le jeu de la responsabilité devant le corps électoral ou d'oser un parlementarisme rationnalisé. Les uns comme les autres s'accordent sur leur irresponsabilité, chacun au nom du Bien.

Noam Chomsky et Walter Lippmann avant lui alertaient sur cette fabrique du consentement à laquelle s'emploient les élites, gouvernantes tout autant que celles qui aspirent à le devenir, pour gagner l'opinion publique à leurs buts : ce ne sont plus des idées qui alimentent le débat mais une propagande. Le jeu politique est devenu vicieux et non plus seulement politicien ou politicard. Habillés de la vertu de l'opinion publique qu'ils manipulent, des extrémistes républicains mettent en jeu la paix civile.

Le jeu politique est brouillé, il n'y a plus ni de Droite, ni de Gauche. Le front républicain a disparu dans l'hémicycle : il n'est plus cette bouée cardinale qui, en mer, avertit des dangers. Les majorités qui se succèdent s'effritent à force de ni-ni ou de en même temps, des frondeurs ou des déçus (!) viennent ajouter au brouillage. Une majorité relative pouvait faire retrouver un jeu parlementaire raisonné et un exécutif raisonnable mais la lettre a prévalu sur l'esprit de la Constitution. Le débat politique se focalise entre les extrêmes jusqu'à la caricature, la conduite de la nation tout autant. Le débat social lui se focalise sur les « 1% » et le premier décile. Débat politique et question sociale donnent à l'opinion publique à occuper son « temps de cerveau disponible » sollicité par un habile marketing politique.

C'est certainement faire vieux jeu, faire boomer, que de revenir au discours de Bayeux mais, ne pas y revenir ce serait faire peu de cas du personnel politique si attaché à s'attribuer l'héritage de De Gaulle quand il s'agit de se présenter à l'élection suprême. L'esprit de la constitution est là, dans ce discours du 16 juin 1946 : « *il est de l'essence même de la démocratie que les opinions s'expriment et qu'elles s'efforcent par le suffrage d'orienter suivant leur conception l'action publique et la législation (...) et qu'au-dessus des contingences politiques soit établi un arbitrage national qui fasse valoir la continuité au milieu des combinaisons.* » Une république, soucieuse de l'équilibre des pouvoirs, à l'écoute de l'opinion (et non pas fabriquant l'opinion) ne se trouve-t-elle pas dans le retour aux fondamentaux, dans des Institutions qui *compensent, par elles-mêmes, les effets de notre perpétuelle effervescence politique* bien davantage que dans l'aventure d'une nouvelle constituante alimentée de critiques qui, aveugles aux insuffisances et manœuvres des acteurs politiques, mettent sur le compte des Institutions leurs échecs ou leur incapacité.

« La Vème République est morte ? Vive la Vème République ! » - RPP, 20 avril 2023

Conclusion.

Á un petit traité, il faut une brève conclusion.

Pour être très bref j'emprunte à celle qui fut icone du cinéma français sa fameuse réplique dans *Le Mépris* pour la reformuler ainsi « *et ma dette ? Tu l'aimes ma dette ?* » ... car c'est bien avec le secours de la dette que fonctionne notre néolibéralisme cotonneux accommodé d'un socialisme mou.

Si les principes constitutionnels sont l'ADN de notre République il leur faut un carburant et ce carburant, quand on a épuisé impôts, taxes et cotisations, c'est la dette. La dette souveraine cette autre facette de ce *en même temps* inscrite dans le temps long de notre histoire qui mériterait bien quelques développements.

Mais, petit traité, brève conclusion. La voici : le tour de magie de la finance publique n'est pas (que) la redistribution faite morale républicaine, c'est (aussi) de faire de l'État le grand gagnant de la croissance économique ! *Tout vient à l'État* observait François-René de Chateaubriand. L'importance de l'État n'est plus seulement dans ses missions mais dans son embonpoint aussi !

« En 1970, le PIB de la France est de 811,5 milliards, en 2019 il est de 2 322,7 milliards d'euros. Dans le même temps le ratio des « recettes de l'État/ PIB » a évolué de 40 % à 52,6 % soit, en valeur, de 324,6 à 1 300,7 milliards d'euros. Autrement formulé, un PIB multiplié par 2,9 a permis à l'État de multiplier ses recettes par 4. La création de richesse nationale n'a pas suffi, il fallait aussi le secours de la dette qui, sur la même période s'envolait de 20 % à 100 % du PIB. À la question qu'as-tu donc fait de nos talents, L'État répondrait : j'ai fait de la dette !» *(Le libéralisme pour le XXI° siècle, essai critique du néolibéralisme. Michel Monier, éditions BoD, novembre 2021).* La loi d'accroissement continu de la puissance publique est vérifiée !

Sommaire.

Avertissement — 2

Introduction — 4

Économie — 6

1. L'action publique réduite à la dépense publique.
2. Il faut prendre aux riches ! Il faut aussi « prendre à l'État » !
3. Mauvais constat et « déni de classe moyenne ».
4. On a subventionné l'inflation.

Société — 18

5. L'économie de supermarché, le nouvel État providence ?
6. L'État face aux grévistes (il n'y a plus de patron).
7. La classe moyenne des territoires est dans la rue.
8. Droit à la paresse et sens du travail ? Erreur de diagnostic !

Institutions — 32

9. N'insultons pas l'Histoire !
10. La Constitution, rien que la Constitution, toute la Constitution !
11. La Vème République essoufflée, la Vème République accusée mais la Vème République activée !

Conclusion — 41